COUP D'ŒIL

SUR L'OUVRAGE DE M. **VATOUT**,

INTITULÉ :

SOUVENIRS HISTORIQUES

DU PALAIS DE VERSAILLES.

COUP D'ŒIL

SUR L'OUVRAGE DE M. **VATOUT**,

INTITULÉ :

SOUVENIRS HISTORIQUES

DU PALAIS DE VERSAILLES.

PAR L'AUTEUR DES RECHERCHES HISTORIQUES
SUR CETTE VILLE.

> Il était plus facile de faire des suppositions
> que des calculs exacts.
> M. Vatout.

Versailles, | *Paris,*
CHEZ DUFAURE, IMPRIM., | CHEZ DENTU, LIBRAIRE,
rue de la Paroisse, 21. | au palais royal.

1837.

COUP D'ŒIL

SUR

LES SOUVENIRS

HISTORIQUES

DU PALAIS DE VERSAILLES.

Ce titre de *Souvenirs* semblait promettre des révélations intéressantes et des particularités curieuses sur la plupart des évènemens dont cette résidence royale a été long-temps le théâtre. On présumait que l'auteur, ayant à sa disposition les nombreuses bibliothèques de la Liste civile, les archives de la Couronne et plusieurs autres riches en manuscrits et ouvertes seulement aux familiers, il y puiserait des documens qui présenteraient certains faits avec exactitude et dans leur véritable jour ; surtout, en ce qui concerne les dépenses de Louis XIV, à Versailles. Telle n'a pas été la pensée de M. Vatout.

L'auteur commence par déclarer qu'il ne

cherchera pas à éclaircir les obscurités qui entourent le nom et le berceau de Versailles : d'autres ont essayé ce travail et parfois il en a profité. Ainsi, les *Souvenirs* ne remontent qu'à 1561, époque à laquelle Martial de Loménie était seigneur de ce lieu, et ils ne sont pas toujours fidèles. Ce n'est point, comme il est dit, *page* 1, avec Martial, mais avec son fils, Antoine, que le roi de Navarre, depuis, notre Henri IV, « allait courre le cerf » sur ce territoire.

Page 3. Le vieux château acheté et démoli par Louis XIII, n'était pas au-dessus mais au-dessous du moulin, sur le penchant de la butte en face des hauteurs de Satory; et c'est sur l'emplacement de ce moulin, comme étant le point le plus éminent, que ce roi fit construire un petit château, devenu immense.

La vente de la seigneurie de Versailles a été faite moyennant *soixante-six mille livres*, en pièces de *seize sols*, et cette pièce étant évaluée à *un franc soixante-treize centimes*, d'après son titre, à l'hôtel des monnaies, ce prix se trouve être de *cent quarante-deux mille sept cent quarante-cinq francs, au cours actuel*. Ainsi, c'est par erreur, que M. Vatout a écrit, même *page 3*, *soixante mille livres*, ou *cent trente-sept mille francs*, de nos jours.

Je ne releverai pas plusieurs autres inexactitudes.

Quelquefois, l'auteur des *Souvenirs* s'est contenté de reproduire, ou d'extraire, des ouvrages qui sont entre les mains de tout le monde. Veut-il nous faire connaître les premières augmentations que Louis XIV fit au château de son père? Il copie huit ou dix pages de la *Description sommaire* qui en a été donnée, en 1674, par Félibien, il y ajoute plusieurs notes, et le tout, faute d'un plan, est peu intelligible pour le lecteur qui n'est pas à Versailles. Son travail aurait pu être complet et satisfaisant s'il eut consulté la *Description de Versailles, ancienne et nouvelle*, publiée par Félibien fils, en 1703 ; il y aurait trouvé celle des accroissemens prodigieux de cette royale demeure et la dispensation successive que le monarque avait faite des logemens aux princes et seigneurs de la Cour.

La description de la grande galerie ne lui a pas coûté un grand effort de mémoire. M. Vatout n'a eu qu'à transcrire l'avis et les cent dix-sept pages de *l'Explication des tableaux de la galerie de Versailles et de ses deux Salons*, que Rainssant, (et non *Rainssan*,) en a composé et qui a été imprimée à Versailles, par ordre exprès du Roi, en 1687; in-4.° : explication qu'on lit également dans les nombreuses éditions de la *Description des châteaux de Versailles et de Marly*, par Piganiol de la Force. Elle est jointe aussi à une très-belle suite d'estampes représentant cinquante-cinq sujets que Massé (*Jean-Baptiste*), habile peintre en miniature et graveur, fit paraître, d'après ses dessins, en 1752, sous le titre de : *La grande galerie de Versailles et les deux salons qui l'accompagnent*, en un volume grand in-folio.

Pour détourner l'attention des *Souvenirs* que différens lieux du château rappeleront toujours, malgré toutes les réticences officieuses, l'auteur s'est jeté dans des digressions hors d'œuvre sur l'origine et les prérogatives des amiraux, des connétables et des maréchaux de France. Il y emploie soixante-dix pages, tandis qu'il ne donne, comme on le verra, que quelques lignes à l'un des objets les plus importans. (*Voy.* ci-après, *pag.* 36.)

Enfin, oubliant son titre, il s'occupe presqu'exclusivement du présent et de l'avenir. Il prouve que son but réel est de saisir toutes les circonstances pour faire des rapprochemens adulateurs et pour préconiser les changemens que le château de Louis XIV a subis et doit subir encore, et sur lesquels il s'efforce d'attirer l'admiration de la multitude. En un mot, il s'y montre, comme il a signé sa dédicace, très-dévoué serviteur et *sujet*.

Préoccupé de cette idée, M. Vatout ne s'est point souvenu qu'en 1797, le ministre de l'intérieur, Benezech, avait formé dans le château un *Musée spécial de l'École française*. Un nombre considérable de tableaux, ouvrages des plus habiles maîtres, furent distribués dans la grande galerie, les grands appartemens et les salons au nord. Benezech se proposait d'y réunir des chefs-d'œuvre de la sculpture, lorsqu'il fut remplacé au ministère.

Le curieux *Cicerone de Versailles*, année 1804, contient plusieurs pages intéressantes sur ce Musée, qu'on a recommencé sur un plan d'une étendue démesurée.

L'auteur des *Souvenirs* aurait dû rappeler aussi que le projet d'ériger dans Versailles une statue à Louis XIV, avait été arrêté, en 1829, par Charles X, avec ordre que toutes les dépenses seraient à la charge de sa Liste civile. La première édition des *Recherches historiques et biographiques* sur cette ville, publiée en février 1834, mentionne les dispositions de ce projet, et l'auteur, regrettant que les évènemens de 1830 en aient empêché l'exécution, ajoute : « Un jour viendra, sans « doute, où elle sera réalisée. » En effet, au mois de novembre suivant, le roi Louis-Philippe est allé poser la première pierre de l'assise : le choix de l'emplacement, la statue du grand Roi et le cheval sont admirés par les connaisseurs. *Suum cuique*.

Néanmoins, on trouve dans les *Souvenirs* plusieurs petites pièces inédites et des détails instructifs sur les nouveaux ouvrages.

Maintenant, voici comment M. Vatout

s'exprime sur l'un des points les plus essentiels et qui a été long-temps et vivement controversé.

« Dans l'espoir, dit cet écrivain, d'éclaircir
« la grande question de ce que Versailles a
« coûté, nous avons examiné les comptes
« tenus par Colbert et plusieurs autres docu-
« mens qui existent dans les archives de la
« Couronne, nous en avons comparé les ré-
« sultats avec les évaluations si diverses de
« Mirabeau, de Volney, de Guillemot, (*li-
« sez* Guillaumot), de Lemontey, de Dulaure,
« qui varient depuis quatre cents millions jus-
« qu'à trois milliards, et nous sommes restés
« convaincus, soit que des papiers aient été
« distraits, soient qu'ils aient été brûlés, qu'il
« était plus facile de faire des suppositions que
« des calculs exacts. » (*Note sous la page* 110.)

Quel laconisme ! C'est éluder la question. M. le bibliothécaire s'est imaginé que sa position le dispensait d'entrer dans quelques explications et qu'on l'en croirait sur sa parole. Il s'est trompé. Ses fonctions mêmes, qui lui en procuraient tous les moyens, exigeaient de lui un compte raisonné pour faire pénétrer dans l'esprit de ses lecteurs les motifs de sa conviction. Ainsi, autant pour la défense de la vérité que pour ma propre justification, je discuterai cette tranchante décision qui, portée par un autre écrivain et dans un ouvrage non consacré à Versailles, ne mériterait aucune attention. Autrement, ce serait passer condamnation sur l'imputation grave d'en avoir imposé, et sciemment, en établissant sur les mêmes documens que l'auteur des *Souvenirs* dit avoir examinés, les *États, au vrai*, de toutes les sommes dépensées à Versailles par Louis XIV.

Je ferai observer, d'abord, que M. Vatout n'aurait pas dû confondre Guillaumot, avec les autres écrivains qu'il a nommés et qui n'ayant recherché aucun document n'ont agi que sous l'impression de la malveillance et ont donné leurs rêves pour des réalités. Guillaumot, écrivain consciencieux, est le premier qui, dans ses *Observations* fondées sur des preuves, a fait apercevoir combien sont hyperboliques les reproches adressés à Louis XIV pour ses dépenses à Versailles (*).

(*) OBSERVATIONS *sur le tort que font à l'Architecture*

Ensuite, si l'auteur des *Souvenirs* a examiné les comptes tenus par Colbert et les documens qui existent dans les archives de la Couronne, et s'il en a comparé les résultats avec ceux présentés par Guillaumot pour les vingt-sept années pendant lesquelles la presque totalité des travaux a été effectuée, il a dû être frappé de leur conformité. Et, comme les mémoires des dépenses ont été vérifiés à la chambre des comptes, il ne devait plus lui rester aucun doute sur la véracité de cet architecte.

Mais si M. Vatout a présumé que les dépenses ont été beaucoup plus considérables, alors, et avant d'employer le reproche banal que « des papiers ont été détruits, ou brûlés, » il devait recourir aux *Comptes rendus de l'administration des finances*, publiés par Mallet, premier commis de ce ministère. Il y aurait certainement reconnu que ces dépenses n'ont pas excédé celles qui sont portées sur

---

Les déclamations hasardées et exagérées contre la dépense qu'occasionne la construction des monumens publics. Par C.-A. Guillaumot. Paris, an IX, (1801), in-8.°, *rare*.

les registres des archives de la Couronne, soit pendant les vingt-sept années, soit durant toutes les autres. (*Note*, *pag*. 35.)

L'exposé suivant, dont les détails sont, les uns inédits et les autres disséminés dans mes précédens écrits, fourniront de nouvelles preuves en faveur des *Observations* de Guillaumot. En outre, il fera connaître les différentes sources où j'ai découvert des renseignemens authentiques pour composer la *Récapitulation générale* de toutes les dépenses dont il est question.

Lorsque Colbert eut été investi de la surintendance générale des bâtimens, il chargea l'un de ses premiers commis, Marinier, d'établir un registre spécial sur lequel seraient reportées, par *chapitres*, ou nature d'ouvrages, et *par année*, toutes les sommes distinctement employées aux constructions de Versailles et de monumens à Paris, ou dans les provinces. Ce registre qui remonte à l'année 1664, où les grands travaux commencèrent, fut continué après la mort de Colbert jusqu'en 1690, époque de leur interruption, à cause de la guerre. Ainsi, il comprend les vingt-sept années pendant lesquelles ces dépenses furent les plus considérables. On reviendra sur ce manuscrit.

Quelques années après, le fils de Marinier, employé dans les mêmes bureaux, s'occupa de faire un *Résumé* du travail de son père; il le dédia à J. H. Mansart, (et non *Mansard*, comme M. Vatout l'écrit toujours), alors surintendant général des bâtimens. Le manuscrit est à la bibliothèque de la rue Richelieu; côté 92, fonds Saint-Martin, il est intitulé: *Mémoires curieux des bastimens du Roy.*

On a observé qu'aucun reproche de prodigalité en fait de bâtimens, ne fut porté contre Louis XIV, ni de son vivant, ni même dans les trente années qui ont suivi le terme de sa longue carrière. Les murmures de quelques courtisans avides et caustiques circulaient seulement entr'eux et personne ne s'avisait de rechercher quelles sommes y avaient été employées. On admirait, on jouissait de ces magnificences, qui, en ranimant tous les travaux et le commerce, avaient servi à perfectionner les arts, attiraient les étrangers et faisaient circuler l'argent dans le royaume. Les Economistes survinrent : hostiles au pouvoir et dédaigneux des beaux arts, ils s'attachèrent à censurer l'administration, surtout les dépenses de ce prince en maisons royales et même en monumens publics; mais leurs déclamations n'eurent que peu de partisans.

Cependant l'attention publique s'éveilla quand Voltaire eut appelé Versailles « *un abîme de dépenses* » en les portant « à plus « de cinq cent millions qui en font, disait-il, « plus de neuf cents de notre monnaie actuelle (*). » Une foule d'écrivains répétèrent, sans examen, ces graves erreurs. En vain, l'historien, mieux informé, combattit les théories de cette nouvelle secte, et, d'après de mûres réflexions, démontra que ces dépenses loin d'avoir été à charge à l'État, avaient été, au contraire, fort avantageuses à toutes les branches de l'industrie (**), les détracteurs de Louis XIV persistèrent : plus

---

(*) *Essai sur les mœurs.* Année 1630.
(**) *Siècle de Louis XIV.* Anecdotes. — *Chap.* xxx. Finances.

tard, ils enchérirent sur leurs exagérations et les portèrent jusqu'à l'absurdité.

Ils étaient tellement aveuglés par un esprit systématique de dénigrement qu'aucun d'eux ne prit le soin de s'informer s'il n'existait pas dans les archives quelques documens pour appuyer ou contredire leurs assertions. Duclos, à qui ses fonctions d'historiographe de France, imposaient le devoir de vérifier les faits et des motifs pour y être admis, eut la mauvaise foi d'écrire dans ses *Mémoires secrets sur le règne* de ce Monarque, « que les « bâtimens du superbe et triste Versailles « avaient coûté des *milliards* au royaume. » Enfin, Laplace, dans sa compilation d'anecdotes, la plupart suspectes et indignes de voir le jour, ne craignit pas de dire : « Quand on « remit à Louis XIV l'état des sommes que le « château et les jardins de Versailles avaient « coûtées, après avoir lu le définitif, il le jeta « au feu (*). »

Il paraîtra, toujours extraordinaire, comme l'a remarqué M. Peignot, que dès le premier

---

(*) *Pièces intéressantes et peu connues*, etc.; *tom.* 1, pag. 186.

moment où quelques écrivains peu à portée d'être instruits, hasardèrent tant de fables ridicules, il ne soit venu dans l'idée d'aucun des ministres sous Louis XV et sous Louis XVI, de rectifier des erreurs qui n'étaient pas sans danger, parce qu'on était parvenu à les rendre populaires. Tous les registres et les pièces justificatives des dépenses de Louis XIV, en bâtimens, étant conservées avec soin dans les archives de cette administration et à la Chambre des comptes, il aurait suffi d'en publier le simple résultat pour faire tomber, en un moment, toutes ces déclamations qui avaient pénétré jusque dans les classes les plus élevées.

Enfin, Guillaumot, premier architecte des bâtimens du Roi et possesseur du manuscrit exécuté sous les ordres de Colbert, voulut suppléer à la perfide négligence des uns et à l'insouciance inexcusable des autres. Il engagea le directeur général des bâtimens à faire vérifier dans ses bureaux quel degré de confiance on pouvait prendre dans ce document : « On négligea de s'en occuper, dit-il, et je « repris mon manuscrit (*). »

(*) « C'est un in-folio relié en maroquin rouge, orné

Néanmoins, à l'époque de la révolution où Mirabeau mandait à ses commettans, que, « Le « maréchal de Bellisle s'était arrêté d'effroi « quand il eut compté jusqu'à douze cents « millions de dépenses faites pour Versailles, » l'administration se souvint de Guillaumot et de son volume : il fut admis à la vérification de ces dépenses.

« Je reconnus, d'abord, dit cet architecte, « qu'à l'époque où il a été écrit, il existait « dans les bureaux des bâtimens, un premier « commis, nommé Marinier; j'y reconnus le « père de l'auteur du manuscrit. Je trouvai « successivement les mémoires de chaque na- « ture de dépenses, *année par année*, arrêtés « à la chambre des comptes; j'y trouvai aussi « les états des fonds faits pour ce départe- « ment, *année par année*. Ils se montent « pendant les vingt-sept années de travaux, « à 147,353,545 livres, *monnoie du temps;* « et comme les dépenses se sont élevées

---

« de festons et filets en or, doré sur tranche, avec un
« cartouche au milieu, aux armes de Hardouin Mansart,
« surintendant des bâtimens, auquel il est dédié. »
Guillaumot.

« pendant le même espace de temps,
« à 153,282,827 livres 10 sous, aussi *monnoie du temps*, il s'est trouvé un arriéré
« de 5,929,282 liv. 10 sous, lorsqu'en 1690
« ces travaux ont cessé. »

Il se disposait à publier un *Précis* des opérations auxquelles il avait pris part, si les évènemens qui se pressaient rapidement n'eussent bientôt rendu très-dangereux d'élever la voix pour défendre le gouvernement de Louis XIV.

Mais, lorsque Volney dans ses *Leçons d'Histoire*, à l'École normale (imprimées en 1800), eut soutenu que Versailles avait coûté quatorze cents millions, *valeur du temps*, qu'il évaluait à quatre milliards six cents millions, *au cours actuel*, Guillaumot s'empressa de rédiger ses *Observations*, dans lesquelles il établit les états de dépenses, par *nature d'ouvrages* et *par année*, d'après son manuscrit vérifié. Il les lut dans les sociétés savantes dont il était membre, et les publia l'année suivante. Aucun des faits qu'elles contiennent n'a été démenti lors de la discussion qui s'ensuivit dans les papiers publics, et qui eut lieu seulement sur l'évaluation de ces dépenses, au cours actuel. Ces faits sont donc avérés.

Le cardinal de Bausset qui ne connut l'ouvrage de cet architecte qu'au moment où il préparait la 3.ᵉ édition de son *Histoire de Fénélon*, resta frappé d'étonnement en apprenant ce qu'avaient réellement coûté le château, les jardins de Versailles et leurs dépendances. Mais les preuves que Guillaumot apporte ayant convaincu ce célèbre historien de leur véracité, il inséra une grande partie des *Observations* dans une note à la fin du tome IV de cette histoire.

Cette imposante autorité déconcerta l'écrivain qui, dans l'*Essai sur l'établissement monarchique de Louis XIV*, venait de censurer amèrement et en les exagérant à outrance, les sommes dépensées par ce prince en bâtimens. Cependant Lemontey avait trouvé dans les archives, ainsi qu'il en convient, et il retenait dans ses mains, le *Résumé* fait par Marinier fils, du volume manuscrit rédigé par son père. Au lieu de continuer à interroger ces archives, où des documens irrécusables l'auraient éclairé, et n'osant s'attaquer ouvertement à l'historien de Fénélon, il s'efforça de critiquer ce *Résumé;* mais il se garda bien de comprendre cette diatribe, fruit d'un aveugle dépit, dans la collection qu'il avait préparée de ses *OEuvres*. Je discuterai ce pamphlet qu'on ne s'est hasardé à mettre au jour qu'après la mort de l'auteur.

Dans le temps où Lemontey s'escrimait en secret, M. Peignot acquit trois volumes, anciens manuscrits du cabinet de Colbert, des dépenses des bâtimens du Roi, aux années 1664, 1665 et 1666. Il les compara avec celles portées dans la note qu'on lit au 4.e volume de l'histoire de Fénélon, et trouvant leurs énonciations identiques, par nature d'ouvrages et par année, il adopta le jugement de M. de Bausset. Il se disposait à publier ses savantes remarques, lorsqu'à la suite de nouvelles recherches, les *Observations* de Guillaumot lui furent communiquées et le mirent en état de motiver, en connaissance de cause, son opinion en faveur de l'importance historique de cet ouvrage (*).

(*) *Documens authentiques et détails curieux sur les*

Vaisse de Villiers, fut, à la même époque, moins heureux dans ses tentatives. Il trouva seulement à Versailles, chez feu Jeanson, architecte des bâtimens du roi, un *Relevé* très-anciennement fait des dépenses dont il s'agit et d'accord pour les sommes portées en vingt-un articles sur vingt-trois, avec celles énoncées dans les *Observations* de Guillaumot et les *Mémoires* de Marinier. Ce relevé ne contient aucune indication sur les dépenses antérieures à 1664, sur celles du château de Marly, etc. De Villiers y obtint encore un état très-ancien des sommes qui, *en valeur du temps* et par nature d'ouvrages, ont été dépensées à la construction et aux décorations de la chapelle du château : il est le premier qui l'a fait connaître ; on le trouve dans son *Tableau historique et descriptif de Versailles* (*).

L'un des objets les plus essentiels à traiter dans les *Recherches historiques* sur cette ville, c'était d'établir aussi complètement que pos-

---

dépenses de Louis XIV, en bâtimens, particulièrement Versailles, etc.; par M. G. Peignot. Paris, Merlin, 1827, in-8°.

(*) 1827; in-12. Ouvrage instructif.

sible, le montant effectif des sommes employées par Louis XIV à cette création. Je me livrai donc à des investigations suivies; elles furent peu fructueuses, et je ne pus obtenir aux archives de la Couronne que des renseignemens sur les dépenses des premières années : j'en ai raconté les détails dans l'ouvrage ci-dessus. A leur lecture, un ami des lettres, M. Legrand (Pierre-Antoine), ancien architecte, voulut bien m'offrir son exemplaire des *Observations* de Guillaumot. J'en ai extrait les états, par *chapitres*, ou nature d'ouvrages, et *par année*, des dépenses faites à Versailles, Marly et leurs dépendances, depuis 1664 jusqu'en 1690. Ils sont transcrits littéralement dans la 2.e édition des *Recherches*.

Un heureux hasard m'ayant ensuite procuré à la bibliothèque du Roi, le manuscrit de Marinier fils, dont j'ai parlé, je me suis décidé à le publier, parce qu'en l'examinant avec attention, il m'avait fourni les moyens de découvrir, ainsi que je l'ai démontré dans l'*Avertissement*, les causes et le montant de dépenses considérables qu'il indique vaguement et non aperçues par Guillaumot. Opération que l'auteur des *Souvenirs* s'est trouvé à portée de développer et de préciser mieux que je ne l'ai fait, et qui m'a mis en état de compléter une *Récapitulation générale* de toutes les sommes dépensées à Versailles (*). Je croyais le manuscrit de Marinier inédit.

Mais le directeur de la *Revue rétrospective*, M. Taschereau, m'apprit que j'étais dans l'erreur sur ce dernier point, que Lemontey avait composé sur les dépenses de Louis XIV en bâtimens, une dissertation spéciale, insérée dans ce même recueil et qui prouvait que, dans les *Mémoires* de Marinier, ces dépenses sont très-incomplètes (**).

Je m'empressai de lire cette dissertation et de répondre à M. Taschereau par une *Lettre* (***), dans laquelle toutes les assertions de Lemontey sont successivement discutées et détruites, no-

---

(*) États, au vrai, *de toutes les sommes employées par Louis XIV aux créations de Versailles, Marly et de leurs dépendances, depuis 1661 jusqu'en 1710;* 1836, in-8°.

(**) *Revue rétrospective;* 1.re série, tom. 2, pag. 329-82, et 2.e série, tom. 7, pag. 162 et 489.

(***) *A M. Jules Taschereau, au sujet des dépenses de Louis XIV, à Versailles;* 1836, in-8°.

tamment celle spécieuse que, « *probablement,* » les caisses de la guerre et d'autres départemens, ainsi que des caisses provinciales, avaient contribué aux dépenses des bâtimens de Versailles. J'ai prouvé, au contraire, que les fonds des bâtimens avaient quelquefois suppléé à ceux de la guerre, et que ces mêmes fonds ont payé près de huit millions, valeur du temps, pour la moitié des dépenses du canal du Languedoc. J'ajouterai que, s'il arrivait que des caisses provinciales fissent quelques versemens directs entre les mains du trésorier des bâtimens, ces versemens s'opéraient pour le compte du trésor royal, au moyen d'une rescription donnée à ce trésorier, au lieu d'espèces, pour en recevoir le montant sur la caisse d'une province et à imputer uniquement sur ses contributions. On sait que lors de leur réunion à la France, plusieurs provinces avaient été maintenues dans la possession de leurs revenus anciens et dont les États du pays ne rendaient aucun compte au Roi.

Toutes les autres allégations du critique financier sont également réfutées par des faits, par des preuves et souvent avec ses propres armes. Il y a plus ; ni ses partisans, ni aucun des exagérateurs, n'a répondu à l'objection que je vais reproduire.

Lemontey, dans sa *Notice sur Colbert*, nous apprend qu'à la mort de ce ministre, les revenus ordinaires de l'état s'élevaient à 116,053,374 liv., les charges à 23,375,724 livres ; en sorte que le trésor royal recevait 92,677,650 liv. En outre, les *Comptes rendus*, publiés par Mallet (*Voy.* ci-après, *pag.* 36), constatent que, depuis 1661 jusqu'à 1688, les emprunts et les autres ressources financières produisirent 369,178,107 liv. Or, est-ce avec les revenus qui ne s'étaient accrus à ce point que progressivement et qui, avec les ressources, avaient pendant le même temps, supporté les dépenses de nombreuses armées, de constructions de beaucoup de forteresses, de ports et d'arsenaux considérables, de chemins et de canaux ; est-ce que le trésor qui, à la mort de Colbert, se trouvait, assure Lemontey, dans une situation prospère, aurait pu subvenir encore à des dépenses, en bâtimens, qui auraient été portées à des sommes aussi prodigieuses qu'il le prétend?

J'ai rappelé les points les plus importans de cette discussion afin de montrer que si, d'après l'assertion de M. Vatout, « des papiers « avaient été distraits, ou brûlés, » on pourrait retrouver encore les renseignemens nécessaires pour recomposer l'état général des dépenses de Louis XIV à Versailles.

Avant de m'occuper de la réfutation de Lemontey, j'avais fait auprès de M. l'archiviste de nouvelles instances pour obtenir les moyens de constater complètement l'exactitude des registres, ou *Mémoires* de Marinier, bases des *Observations* de Guillaumot et des *Etats, au vrai,* ainsi que leur conformité avec les registres et autres documens des archives de la Couronne. Mais, quoique disposé à accueillir mes demandes, ce dépositaire considéra qu'il ne pouvait y déférer, attendu que ces archives ne sont pas celles d'une administration publique. Je me retirai, non sans avoir remarqué dans ses bureaux que, depuis mes premières démarches, on s'y était livré à un grand travail destiné à être mis sous les yeux du roi Louis-Philippe et à lui offrir un tableau général et circonstancié de toutes les dépenses de Louis XIV en bâtimens; ce qui était cause de mon insuccès.

Alors et à l'aide des renseignemens que j'y avais précédemment recueillis et de quatre registres de la bibliothèque du roi, fonds Colbert, je parvins à former l'état suivant, comparatif de ces dépenses pendant les neuf années consécutives de 1664 à 1672.

Années.	Registres Colbert et Archives.			Mémoires et États, au vrai.		
	liv.	s.	d.	liv.	s.	d.
1664. —	3,219,663	18	1 —	3,221,731	2	2
1665. —	3,269,791	»	3 —	3,269,723	19	3
1666. —	2,823,857	14	» —	2,826,770	3	5
1667. —	3,611,784	3	2 —	3,516,160	3	10
1668. —	3,616,482	10	11 —	3,616,486	»	2
1669. —	5,194,688	15	4 —	5,192,954	8	6
1670. —	6,950,891	»	» —	6,834,037	16	»
1671. —	7,863,659	»	» —	7,865,243	1	2
1672. —	4,144,128	»	» —	4,168,354	12	6
Totaux..	40,694,946	1	9	40,511,461	7	»
Report..	40,511,461	7	»			
Différence.	183,484	14	9			

Il n'est pas douteux que, pendant les dix-huit années suivantes, 1673-1690, les *Mémoires*, ou registres de Marinier, offriraient le même accord avec ceux des archives de la Couronne, pour les dépenses des bâtimens, en général, mais dont il y aurait à distraire celles étrangères à Versailles. C'est cette concordance et d'autres renseignemens provenus de bonne source qui m'ont déterminé à considérer ces registres comme un document d'autant plus certain que leurs résultats, par année, et par chaque nature de dépenses, ont été, il faut le répéter, vérifiés par Guillaumot sur les mémoires arrêtés à la chambre des comptes.

Enfin, quoique dépourvu des moyens sur lesquels je croyais pouvoir compter et, en réunissant tous les élémens constitutifs que mes investigations m'ont procurés, j'ai dressé une *Récapitulation générale* de ces dépenses. Je suis dans la persuasion que, malgré des erreurs inévitables dans la privation où je suis de plusieurs matériaux, et quel que soit le mode adopté aux archives pour arriver au même but, leur résultat, ce fait important, différera peu de celui qui va suivre.

RÉCAPITULATION

De toutes les sommes qui, en monnaie du temps, *ont été employées par Louis XIV aux créations de Versailles, Marly, et de leurs dépendances, depuis* 1661 *jusqu'en* 1710.

1661 à 1663.

On connaît une lettre de Colbert à Louis XIV, de l'année 1663, dans laquelle ce ministre lui reproche d'avoir dépensé au château de Versailles, depuis deux ans, 500,000 écus (1,500,000 *liv.*), et d'avoir négligé d'achever le Louvre. Cette lettre produisit en partie son effet; en faisant continuer les travaux de Versailles, ce Monarque fit reprendre ceux du Louvre et des Tuileries.

	liv.	s.	d.
Ainsi, on doit porter cette somme en première ligne....	1,500,000	»	»

Nota. Guillaumot est le seul qui a porté cette somme dans son état.

1664 à 1690.

Suivant les *Mémoires* de Marinier et les *Observations* de Guillaumot, les dépenses, *par année*, ou par *chapitres d'ou-*

| A reporter.... | 1,500,000 | » | » |

	liv.	s.	d.
Report....	1,500,000	»	»
vrages, pendant ces vingt-sept années, se sont élevées à.....	81,151,414	9	2
Outre ces dépenses, il en a été fait plusieurs autres pour achats de tableaux, étoffes d'or et d'argent; ouvrages d'argenterie, médailles, curiosités, etc., montant, suivant les mêmes documens à...............	6,186,574	15	2
Il faut y joindre les sommes payées pour les grands ouvrages d'argenterie et les autres somptuosités très-considérables indiquées par Marinier, et dont les dépenses résultent des explications données, pages 16, 17 et 18 de l'*avertissement* des *Etats*, au vrai (*)..........	19,639,282	14	5
Nota. Guillaumot et de Villiers n'ont rien dit, ni porté pour ces dépenses.			
A reporter....	108,477,271	18	9

(*) Lorsqu'en 1689, Louis XIV envoya les seuls objets orfévris à la Monnaie, « on en retira trois millions, « disent Voltaire et Anquetil, et ils avaient coûté dix « millions. » La rare perfection de la main-d'œuvre était d'une valeur très-supérieure à celle de la matière.

Report.... 108,477,271 18 9

1699 à 1710.

Suivant l'état communiqué par Jeanson à de Villiers et dont a parlé (*page* 19), les dépenses de la chapelle du château dont les *États, au vrai,* donnent les détails par nature d'ouvrages, ont coûté....... 3,260,341 19 "

Nota. Cet article n'a pu être connu de Marinier et il a été oublié par Guillaumot.

Total des sommes dépensées pour le château de Versailles et ses dépendances......... 111,737,613 17 9

On doit y comprendre celles qu'ont coûtées le château de Marly et ses accessoires qui étaient considérés comme une annexe de Versailles, et qui ont été l'objet des mêmes critiques. Ces dépenses depuis 1680 jusqu'en 1690, suivant

A reporter.... 111,737,613 17 9

	liv.	s.	d.
Report.... 111,737,613	17	9

le détail, *par année*, donné par Marinier et Guillaumot, ont été de.................. 4,501,279 13 4

Nota. De Villiers n'a point réuni cette dépense à celles de Versailles.

Total général des sommes employées aux constructions et embellissemens de Versailles, Marly et de leurs dépendances. 116,238,893 11 1

CENT SEIZE MILLIONS DEUX CENT TRENTE-HUIT MILLE HUIT CENT QUATRE-VINGT-TREIZE LIVRES ONZE SOLS UN DENIER.

Toutefois, si la *Récapitulation générale* que les archives présenteront excédait celle ci-dessus, ce ne pourrait être que parce que, contre la règle, on y aurait compris ce qui ne s'applique qu'aux dépenses annuelles, frais d'entretien et autres de cette nature. Alors, il faudrait, par une juste compensation, tenir compte de ce que les domaines de Versailles et de Marly ont produit pendant le même nombre d'années, en lods et ventes, coupes de bois, fermages et autres droits et revenus, qui étaient fort considérables et affectés à ces dépenses. Quoiqu'il en soit, si, comme on doit l'espérer, les travaux des archives venaient à être mis au jour, je me réserve d'y jeter aussi un *Coup-d'œil*.

J'étais dans l'attente de leur apparition, lorsque M. Vatout, *étranger à ces travaux*, publia ses Souvenirs.... J'ai témoigné mon étonnement de n'y avoir trouvé sur une question dont il reconnaît toute l'importance, qu'une note dédaigneusement rejetée au bas d'une page. J'ai exposé les motifs de la confiance, que méritent les *Observations* de Guillaumot et les *Mémoires* manuscrits de Marinier; et, en indiquant les différentes sources où j'ai puisé les autres élémens des *Etats*, *au vrai*, j'ai combattu et détruit les systèmes d'écrivains superficiels, ou d'une insigne mauvaise foi.... Maintenant, c'est aux lecteurs qu'il appartient de prononcer sur l'examen, les résultats et la conviction de l'auteur des *Souvenirs :* ils jugeront, sans doute, suivant l'expression dont il s'est servi, « qu'il lui a

« été plus facile de faire des suppositions que
« des calculs exacts (*). »

Comme on l'a vu, la fixation de l'effectif des dépenses a été vivement controversée pendant près d'un siècle, et il en est encore de même pour leur évaluation, au cours actuel. Guillaumot suppose que, pendant toute la durée des travaux, le taux de l'argent a été à 26 *livres*, le marc, moitié de 52 *francs*, valeur d'aujourd'hui, et il s'est borné à doubler toutes les sommes, en déclarant que cette appréciation doit être réduite d'un neuvième. Ce mode ne peut être admis, puisqu'il n'a eu aucun égard au renchérissement successif que l'immensité des travaux et leur longue durée occasionnèrent dans les prix des matières premières, de la main-d'œuvre, des subsistances, etc. S'il était suivi, l'évaluation n'atteindrait pas *deux cent dix millions*.

(*) M. Vatout est nommé Conseiller-d'État, Président du conseil des bâtimens civils, et chargé de l'administration des monumens publics et historiques du royaume : récompense de ses grandes recherches et de sa note lumineuse sur les dépenses de Versailles.

De Villiers, sans faire connaître les bases de ses calculs, semble s'être jeté dans un excès contraire. Il évalue à *quatre cents millions de fr.*, au cours actuel, les dépenses qu'il porte à environ 90,000,000 *liv.*, valeur du temps, pour les vingt-sept années et la chapelle ; mais il a contredit son système, en réduisant ses bases à moitié dans la seule application qu'il en a faite.

Si quelqu'écrivain était disposé à soutenir cette évaluation, comme j'ai eu tort de le faire dans les *Recherches historiques*, il ne citerait à l'appui de son opinion que des faits isolés et sans importance. Un *Devis manuscrit des ouvrages pour les bâtimens du Roi*, rapporté page 35, des *Souvenirs du palais de Versailles*, et divers renseignemens que j'ai recueillis, démontreraient facilement que cette opinion qui cèderait, peut-être, à quelque influence, est erronée.

Je le redirai donc, c'est aux gens de l'art et aux habiles qu'il appartient de résoudre cette question, en ayant égard aux nombreuses variations des monnaies, du prix des matières premières et de la main-d'œuvre ; puisqu'en réalité, la différence apparente des prix n'est que la conséquence de la plus ou moins grande abondance du numéraire. Toute autre appréciation serait hypothétique. Quelque soit la solution, dût-elle, en adoptant les bases incertaines de de Villiers, évaluer toutes les dépenses, pendant les quarante années de la durée effective des travaux, à CINQ CENTS MILLIONS, *au cours actuel*, il est bien évident qu'on sera loin d'atteindre aux *douze cents millions* et plus de Mirabeau, aux *trois milliards* écrits, au hasard, par quelque autre détracteur, et, on peut le répéter, puisqu'on l'a imprimé, aux *quatre milliards six cents millions* dénoncés publiquement par Volney (*).

(*) *Leçons d'histoire*, prononcées à l'École normale, en l'an III (1798), *pag.* 241; Paris, 1800, in-8°.

NOTES. *page* 10.

MALLET, et non MALET, (*Jean-Roland*); on ignore en quel lieu et en quelle année il était né, mais on sait qu'il fut valet de chambre ordinaire du Roi. Une ode extrêmement faible, couronnée par l'académie française, était son seul titre pour y aspirer, et il n'a laissé aucune autre production littéraire. Mais le contrôleur-général, Desmarets, à qui, en 1715, l'on offrait le fauteuil de Tourreil, répondit, « j'ai dans mes bureaux un premier commis à qui « cela convient mieux. » C'était Mallet. S'il eut le bon esprit de ne pas rentrer dans la carrière poétique, ce fut pour s'occuper d'un ouvrage vraiment utile pour l'histoire et qui a pour titre : COMPTES RENDUS *de l'administration des finances du royaume de France pendant les onze dernières années du règne de Henri IV, le règne de Louis XIII et soixante-cinq années du règne de Louis XIV,* avec des RECHERCHES *sur l'origine des impôts, sur les revenus et dépenses de nos Rois, depuis Philippe-le-Bel jusqu'à Louis XIV, et différens* MÉMOIRES *sur le numéraire et sa valeur, sous les trois règnes ci-dessus.* Cet ouvrage est le produit des investigations et des travaux d'un homme qui a passé trente années, comme chef, dans son administration : il est souvent consulté et avec fruit ; copié, mais rarement nommé, par des financiers qui veulent se parer d'érudition. La première édition des *Comptes rendus* parut en 1720, et ils ont été réimprimés avec une préface et des observations de l'éditeur, Paris, Buisson, 1789, in-4.º de 455 pages. Mallet mourut le 12 avril 1736, en laissant peu de fortune, quoiqu'il eut été toute sa vie dans les finances. On trouve quelques renseignemens sur lui dans la *Biographie universelle* de M. Michaud, article TOURREIL.

Page 23.

TABLEAU des revenus ordinaires de l'Etat sous Louis XIV, de 1661 à 1688; d'après les comptes généraux du Trésor, par Mallet.

Années.
1661........ 84,222,096 liv.
   et progressivement jusqu'à
1688........ 114,190,159

Formant un total de......... 2,949,131,428 liv.
Les produits extraordinaires, créations de rentes, d'offices et autres moyens, pendant les vingt-huit années, se sont élevés à.... 369,178,107
Moyenne... 13,184,932 liv.

TOTAL GÉNÉRAL... 3,318,309,535

Dont la moyenne est.. 118,511,055 liv.

Page 5, *ligne* 4.

On aurait dû faire observer encore que ces digressions sur les amiraux, les connétables et les maréchaux de France ont quelquefois l'inconvénient grave de donner comme certains des faits anciens très-contestés. Quoique cet opuscule ne soit point destiné à des discussions historiques, je ne puis me dispenser de rectifier les *Souvenirs* sur des faits récens et faciles à vérifier.

On y lit, *pag.* 248. « Le duc de Penthièvre fut « le dernier Amiral de France... En 1805, Napo- « léon créa Joachim Murat Grand Amiral... Le « duc d'Angoulême fut aussi nommé Grand Ami- « ral sous la restauration. Ces deux princes por- « tèrent seuls ce titre pompeux... »

Non. M. le duc d'Angoulême, n'a pas été nommé Grand Amiral, mais Amiral de France, aux mêmes titre, droits et pouvoirs dont le duc de Penthièvre avait été investi. Murat, seul, fut créé Grand Amiral, dans le temps où la France n'avait plus de marine.

Les *Souvenirs* sont quelquefois si confus qu'on y trouve réunies des particularités qui n'ont aucun rapport entr'elles et qui, d'ailleurs, ne sont pas arrivées à Versailles. Il y est dit, *pag.* 109, que ce fut sous la direction d'un serrurier nommé *Gamin*, que Louis XVI avait forgé la clef de la serrure de sûreté de l'armoire où était renfermé le fameux *Livre rouge* (*); et *pag.* 130, que, sur la dénoncia-

---

(*) Ainsi nommé, de la couleur de sa couverture.

tion de ce serrurier, on découvrit ce *Livre* dans la bibliothèque du château et dans une petite armoire dont M. Vatout a eu le soin d'indiquer la place. Voici des éclaircissemens positifs sur ces faits. Louis XVI habitait les Tuileries depuis cinq mois, lorsque le 5 mars 1790, l'Assemblée nationale décida, sur la proposition de Camus, que ce registre des dépenses secrètes de la Cour serait demandé au Roi et remis aux comités; ce qui fut exécuté par Necker qui en était le dépositaire (*).

Mais, en novembre 1792, Gamain, et non *Gamin*, dénonça l'existence de la fameuse *armoire de fer*, aux Tuileries. Ce fait qu'on a'est efforcé d'entourer de ténèbres horriblement accusatrices contre Louis XVI, sera, enfin, mis dans le plus grand jour, article GAMAIN, *tom.* 64, de la *Biographie universelle* de M. Michaud.

(*) L'Assemblée fit imprimer le *Livre rouge*. Quel fut l'étonnement du public, quand, au lieu de l'opinion qu'on lui avait donnée de ces dépenses secrètes qu'il regardait comme l'abîme où venait s'engloutir une partie des trésors de la France, cette publication ne fit connaître que l'emploi de quelques millions, d'après l'ordre exprès du Roi! Le comte Charles de Lameth, l'un des chefs de l'opposition, remboursa, dit-on, au trésor les soixante mille livres que ce prince lui avait accordées pour les frais de son éducation et de celle de ses frères.

ADDITIONS

Aux Recherches historiques et biographiques sur Versailles.

On lit dans les excellens *Voyages historiques et littéraires en Italie*, par M. Valery, *tom.* 1, *pag.* 127; 1831, in-8°.

« Le Missel conservé dans l'archive de la basi-
« lique Saint-Ambroise, manuscrit vélin de la fin
« du xiv.ᵉ siècle, est singulièrement magnifique et
« curieux : le principal ornement est une riche
« miniature qui représente le couronnement de
« Jean Galéaz Visconti, comme premier duc de
« Milan. Parmi les ambassadeurs et personnages
« importans qui forment le cortège de Galéaz et
« assistent à la cérémonie, on remarque en qua-
« lité d'*orateur* du roi de France (*), un évêque
« de Meaux, dont le nom est ignoré ».

Il me semble que ce prélat n'est autre que Pierre, 2.ᵉ du nom, seigneur de Versailles, évêque de Digne et ensuite de Meaux où il mourut, en 1446. On sait qu'il siégea avec distinction au concile de Constance, comme ambassadeur du même Roi, et à celui de Bâle, au nom de tout le clergé de

(*) Charles VI.

Provence et comme *orateur* du roi de Sicile. Quelques-uns de ses écrits nous ont été conservés. *Voy.* les *Recherches*, page 14.

Si M. Valery admettait cette conjecture, on lui devrait de nous avoir indiqué un portrait authentique de Pierre de Versailles, compté parmi les savans et les illustres du quinzième siècle, et qui ne fut pas indigne d'être l'un des prédécesseurs de cet autre véritable et grand orateur qui, dans le dix-septième, apparut sur le siège de Meaux.

1759. Pendant que les Anglais dispersaient et anéantissaient nos vaisseaux, un Dauphinois nommé Dupré, joaillier à Paris, inventa un feu plus dévorant que le feu grégeois et qui, alimenté par l'eau même, pouvait incendier la flotte la plus considérable. Des épreuves eurent lieu au Hâvre et devant Louis XV sur le canal de Versailles. Convaincu de l'effet désastreux de cette invention, ce prince craignit d'ajouter un tel moyen de destruction à tous les fléaux de la guerre. Il acheta le secret fort chèrement et fit défense à Dupré de le communiquer sous les peines les plus sévères. Mais, quarante ans après, l'Angleterre s'empressa de lancer les fusées à la Congrève, regardées par elle comme une invention qui lui est propre.

1759. Louis XV achète la manufacture de porcelaines établie à Sèvres et qui en prend son nom.

Elle avait été créée, en 1738, au château de Vincennes, par les soins du marquis de Fulvy, gouverneur de ce château. Il avait fait venir de Tournay et de Chantilly des artistes qui y manipulaient une espèce de porcelaine grossière, ou faïence superfine; et c'est conjointement avec les frères Dubois et Henri Bulidon, sculpteurs, et avec Taunay, chimiste, qu'il parvint à fabriquer et à perfectionner une porcelaine déjà digne, à cette époque, de rivaliser avec celle du Japon. M. de Fulvy se ruina dans cet établissement.

Vers 1750, les fermiers généraux ayant acheté de lui cette première découverte, formèrent le projet d'établir la manufacture à Sèvres. Ils y firent construire l'immense édifice où elle fut transférée en 1755. Mais, en 1759, Louis XV, sollicité par madame de Pompadour, l'acheta des fermiers généraux, et, depuis ce temps, cette superbe manufacture a toujours fait partie des domaines de la Couronne (*). Sa renommée étant devenue européenne, nos Rois en envoyaient comme présens

---

(*) C'est donc par erreur que, dans *Louis XIV, son gouvernement*, etc., M. Capefigue dit qu'elle fut établie à Sèvres, par Colbert, et un sujet d'orgueil pour Louis XIV, *tom.* 1, *pag.* 194.

Et *tom.* 2, *pag.* 235, il assure que l'édit de révocation (de celui de Nantes), daté d'octobre 1685, « est contresigné par Letellier et Colbert; » Colbert était mort dès le 6 septembre 1683.

aux autres souverains ; et chaque année, au 1.er janvier, cette manufacture exposait en vente ses plus beaux produits dans un salon des petits appartemens du château.

1766. Les *Maximes morales et politiques sur la science des Rois et le bonheur des peuples*, tirées du *Télémaque*, sont imprimées dans l'appartement du Dauphin (Louis XVI), alors âgé de douze ans. Le travail commença le 9 et finit le 21 mars. Le comte de Provence (Louis XVIII), âgé de onze ans, et le comte d'Artois (Charles X), âgé de neuf ans, assistaient exactement aux opérations typographiques. Le Dauphin tira de sa main tous les exemplaires au nombre seulement de vingt-cinq. *Voyez* les *Recherches*, page 130.

Mars 1771. On a exposé dans les appartemens du roi, un portrait en pied de Charles Ier, roi d'Angleterre, original de Vandyck ; c'est le seul qui soit resté en France. Il a été acheté 20,000 livres par la comtesse Dubarri, et il paraît que ce n'est pas sans dessein. On assure que toutes les fois que Louis XV semble fatigué de sa colère contre les parlemens, (supprimés le 20 janvier dernier), et revenir à la clémence, cette dame lui représente l'exemple de l'infortuné Monarque et lui fait entendre que, peut-être, ils se seraient portés à un attentat de cette nature si le chancelier (Maupeou) ne les avait arrêtés dans leurs projets insensés et criminels. Quelqu'absurde, quelqu'atroce que soit cette imputation, elle enflamme le prince et le détourne de son caractère de bonté naturelle. Les alarmes que la Dubarri inspire au Roi lui sont suggérées par des conseillers d'une politique aussi adroite qu'infernale.

Ensuite, ce tableau a été placé dans les grands appartemens, salle du trône, où je l'ai vu; il attirait l'attention des courtisans qui ne se parlaient qu'à l'oreille, et à Paris, il donna lieu à des discussions fort animées : depuis, il a été gravé par le célèbre Robert Strange.

19 Avril 1777. l'Empereur Joseph II, frère de la reine Marie-Antoinette, arrive à Versailles, sous le nom de comte de Falckenstein, sans train, sans suite et presque sans équipages. Après avoir descendu au château, il fut saluer le Roi, la Reine et la Famille Royale; il soupa dans les petits appartemens avec Leurs Majestés : mais il ne voulut pas accepter l'appartement qui lui avait été préparé, et logea dans un hôtel garni attenant celui de la Surintendance, rue du Vieux-Versailles.

1788. On a vu, page 88, des *Recherches*, que le petit parc de Versailles qui renferme dans son enceinte, les jardins, les bosquets, etc., représente un pentagone irrégulier. Il est constaté qu'il a deux mille quatre cents toises dans sa plus grande longueur et mille six cents dans sa plus grande largeur.

1789. Les *Souvenirs* ne rappèlent que l'un des premiers évènemens du 6 octobre, de cette fatale journée, où l'on entendit vociférer : *la tête de la Reine*, et *d'Orléans pour roi;* on ne doit pas oublier le suivant.

M. de la Fayette, étant monté chez Louis XVI, lui demanda, au nom du peuple, de venir, dès ce jour même, fixer sa résidence à Paris, en lui peignant sous des couleurs effrayantes les dangers du refus. Forcé de consentir à tout, le Roi parut de nouveau sur le balcon, et annonça lui-même qu'il allait partir avec toute sa famille pour la capitale. *Que la Reine se montre!* demandèrent quelques voix. La Reine s'avança, tenant d'une main monsieur le Dauphin, et de l'autre madame Royale. *Point d'enfans!* crièrent les mêmes voix. Les enfans furent écartés. La fille des Césars, demeurée seule, promena majestueusement ses regards sur la multitude. Le peuple, frappé d'admiration, applaudit : les assassins furent déconcertés.

MÉDAILLES.

1790. Hommage de la Garde nationale de Versailles.

Un pélican se déchirant le flanc pour nourrir ses petits rangés autour de lui au nombre de huit. — Lég. *Français, sous cet emblême adorez votre Roi.* — Exer. *Hommage de la garde nationale de Versailles, le 6 février.* — Revers. *Une couronne d'olivier.* Dans le champ : *Ce bon peuple qui m'est si cher, et dont on m'assure que je suis aimé, quand on veut me consoler de mes peines.* — Exer. *Discours de Louis XVI à l'Assemblée nationale, le 4 février 1790.* — Mod. 24 lig.

Louis XVII.

Tête de Louis XVII. — Leg. *Ludovicus XVII, Franciæ et Navarræ rex.* (Louis XVII, roi de France et de Navarre), — Exer. *Regni tantùm jura.* (Du trône il n'eût que les droits.)

Rev. Un génie tenant d'une main un flambeau éteint et de l'autre la couronne de France, s'élance d'un mausolée élevé dans une des cours du Temple. — Lég. *Quam reddat hæredi.* (Pour la rendre à son héritier.) — Exerg. *Ludovicus XVII in vinculis occumbit.* VIII jun. MDCCLXXXXV. (Louis XVII meurt dans les fers le 8 juin 1795.) — Mod. 22 lignes.

NÉCROLOGIE.

BRUNET (*Jacques-François*), président du tribunal de première instance, ex-député au conseil des Cinq-Cents, membre du conseil-général du département et chevalier de la Légion-d'Honneur, décédé à Versailles, le 27 mars 1837, âgé de quatre-vingt-douze ans.

CLAIRFONTAINE (*Pierre-André* PELOUX DE), auteur à vingt-trois ans d'une tragédie d'*Hector*, en cinq actes, reçue et, par suite d'intrigues de coulisses, non représentée au théâtre Français; elle a eu deux éditions. Sa famille possède un manuscrit de cette pièce remise en trois actes, et celui de *Busiris*, en cinq actes; l'un et l'autre n'ont jamais été imprimés. Après avoir été vingt-cinq ans interprète du Roi pour les affaires étrangères, Clairfontaine mourut à Versailles, le 23 mai 1788.

CASSAS (*Louis-François*), peintre paysagiste, inspecteur-général de la manufacture des Gobelins, chevalier de Saint-Michel et de la Légion-d'Honneur. Il a publié plusieurs Voyages pittoresques ornés de cartes, plans, figures; format grand in-folio. Mort le 1.er novembre 1827.

DELACROIX (*Jacques-Vincent*), avocat célèbre

au parlement de Paris, auteur du *Tableau moral et politique de l'histoire de France, depuis Clovis jusqu'au siècle de Louis XIV;* 1813, 3 vol. in-8.°, et de plusieurs autres ouvrages politiques et d'histoire, estimés. Il avait été juge au tribunal civil de Versailles, et il y mourut, presque nonogénaire, le 9 mars 1832.

GUERINIÈRE (*François* Robichon de la), l'un des hommes les plus habiles que la France ait produit dans l'art de dresser et de soigner les chevaux, devint écuyer de Louis XV. On a de lui, l'*Ecole de cavalerie*, etc., grand in-folio, figures, 1733, et d'autres ouvrages sur son art que les amateurs recherchent toujours avec empressement. Il mourut à Versailles, le 2 juillet 1751, dans un âge avancé.

SOUHAM (*Joseph*), lieutenant-général des armées, ancien gouverneur de la 5.ᵉ division militaire et grand officier de la Légion-d'Honneur. Mort, au même lieu, le 29 avril 1837, à 77 ans moins un jour.

MANSART (*Jules-Hardouin*), n'est pas mort à Versailles, comme M. Vatout le dit, *pag.* 111; mais presque subitement à Marly, le 11 mai 1708.

www.ingramcontent.com/pod-product-compliance
Lightning Source LLC
LaVergne TN
LVHW021704080426
835510LV00011B/1580